세상의 끝에서 돌아오다

인문학 시인선 022

세상의 끝에서 돌아오다
명재신 제5시집

제1쇄 인쇄 2024. 10. 25
제1쇄 발행 2024. 10. 31

지은이 명재신
펴낸이 민윤식
펴낸곳 인문학사

등록번호 제 2023-000035
서울시 종로구 종로19 르메이에르 종로타운 1030호(종로1가)
전화 : 02-742-5218

ISBN 979-11-93485-18-7 (03810)

ⓒ명재신, 2024
Printed in Seoul, Korea

*잘못 만들어진 책은 본사나 구입하신 서점에서 교환하여 드립니다.
*이 책은 저작권법에 의해 보호받는 저작물이므로 저작자와
 출판사의 서면동의 없이는 무단 전재와 무단복제를 금합니다.

인문학 시인선 022

명재신 제5시집
세상의 끝에서 돌아오다

인문학사

시인의 말

    가족이 있는 집으로 돌아오는 여정이었습니다.
    사우디아라비아에서 3년 5개월을 포함해서 10여 년을 넘게 가족을 떠나 해외에서의 여정이었습니다.

    무사히 파견 근무를 마치고 돌아오면서 다섯 번째 시집을 내어 놓습니다. 베트남을 시작으로 쿠웨이트, 아랍에미레이트, 다시 쿠웨이트 그리고 사우디를 거쳐서 한국으로 돌아오는 시간들이 주마등처럼 지나갑니다.

    집을 떠나 '바깥세상'에서 머무는 동안 드나들던 시간들이 어제의 일처럼 느껴지면서 나의 끝은 어디인가? 어디가 나의 끝인가를 두고 묻고 다시 묻기를 반복하였는데, 그 끝은 바로 가족이 있는 집이었습니다. 세상의 끝이라고 생각하고 찾아 들어간 아브하의 오지마을에서조차 그들은 가족들과 함께 그곳을 지키고 자신들이 세상의 중심이라고 생각하며 마을 사람들과 어울려 춤을 추며 하루에 다섯 번을 신에게 절을 하며 살고 있었습니다.

    저의 다섯 번째 시집은 그 여정에서 만난 여러 꽃들과 사물들과 사람들에 대한 이야기입니다. 따뜻한 마음을 가진 사우디아라비아의 사람들의 이야기이며 치열하게 살고 있는 한국인들의 이야기입니다. 결국 모두가 가족이 있는 곳으로 돌아오기 위해 이국에서 주어진 소명을 다하고 있는 것입니다.

그곳에서 만난 사람들과 만날 사람들과 좋은 인연들을 잘 만들어 뜻하는 일들 다 이루시고 무사히 되돌아오기를 바라는 마음이기도 합니다.

   저의 간절함을 담은 이 시집은 세상의 끝에서 저의 소임을 마치고 돌아올 수 있게 기다려준 아내 세연, 어려운 시간들을 이겨내고 다시 연구 활동을 재개한 큰아이 라연, 그간에 잘 준비해온 웹툰 첫 데뷔작품을 펼치고 있는 소연, 그리고 새로운 세상으로 나아가고 있는 가연이에게 사랑한다는 마음을 진심을 다하여 바칩니다. 그리고 파견근무를 하는 동안 어려운 시간들을 함께 했던 법인의 동료 여러분과 어려운 환경에서도 믿고 기다려준 회사에도 감사 인사와 고마움을 전합니다.

   마지막으로 이 시집이 나오기까지 애정을 갖고 챙겨주신 분들과 평설을 진심을 다해 써 주신 조명제 교수께 고개 숙여 감사 인사를 올립니다.

2024년 10월
명재신

contents

004　시인의 말

제1부 – 아침나팔

012　아침나팔
013　꽃처럼 사람처럼
014　협죽도
016　꽃피는 시절
017　부겐빌레아
018　알코바 별꽃
019　어느 하루의 봄날
020　접시꽃
021　하루 그대만을 생각하고
022　천일향
024　사막에 봄이 오랴
025　해바라기
026　꽃가마 단장
027　지지 않고 뜨지 않고
028　꽃이 지도다
029　맨 땅에 헤딩하기다
030　사평에 피는 꽃
032　일일초
033　꽃을 든 남자
034　웃음꽃 함박꽃

제2부 – 알코바 연가

036 장미석
037 뮤쟌 아일랜드에서
038 대추야자 익어갈 때
039 푸른 인어
040 알코바 연가
042 세상의 끝에서 돌아오다
044 돛배를 띄우는 사람들
045 코레는 가족이야
046 토박이 아가씨
047 맹랑한 새
048 밑도 끝도 없이 염치가 없다
049 여기가 시점이다
050 후푸프
052 그림자 하나로 산다
053 물의 여인
054 알코바 타워
055 중천
056 하루에 다섯 번
057 카티프 맹그루 나무
058 하프 문 베이

제3부 - 사막 허수아비

060 사막 허수아비
061 가벼워지기
062 바람이 많은 날
063 백수가 과로사 한다
064 꽃을 찾아서
065 사막의 강
066 나무라지 마세요
067 삼동의 노래
068 잠 못 이룬 밤
069 하현에게
070 함께 산 날을 따져 보니
072 감사하고 고마워
073 섣달 일출은
074 아침마다 보내는
076 시를 읽는 밤
077 청량리행
078 쑥대밭이라도 만났으면 좋겠네
079 비가 고국처럼 내리고
080 바람이 높다
081 아무리 바쁘더라도

제4부 – 우리가 간다

084 우리가 간다
085 다시 사막
086 우린 처음으로 이름을 주고 받았다
087 늦은 점심을 먹는 길
088 세상이 무어라고 하든
089 우당탕을 아시나요?
090 내 잠시 머문 자리
091 고참을 지나면 갈참
092 독방거사
093 결국 끝은 있다네
094 주저할 거 없다
096 썩썩 비나이다
097 다시 꿈을 위하여
098 세상을 위하여
099 많이도 배웠지
100 주베일 인력시장
102 죽어라고 뛰어보니
103 물때를 기다리며
104 해바라기에게
105 노를 저어라
106 이 길을 얼마나 오갔던가

해설
107 사막의 꽃, 그리운 불꽃
생명의 경전/조명제

제1부

아침나팔

아침나팔

아직 익지도 않은 대추야자가 막바지
힘을 내고 있었네
될 놈만 남겨두고 털건 다 털어내고 난
마지막 자신감이던가

제시간에 일어나지 못하고 늦잠을 자고 나오면서
남이 볼까 싶어 루틴을 버리고 샛길로 나왔지
해는 벌써 중천이었고
공복의 고양이는 이미 허기를 채운 후였네

우린 비껴도 비껴도 다시 만나는 인연인가
중천의 해는 이제 막 정점을 향하느라 더욱 가열차고
화단에 나팔꽃 하얗게 하얗게 피어나

그냥 살어라 그대로 살어라

일제히 나팔을 부느라
아침이 터져나가 꽃들 자지러지더라

오늘 나의 하룻길이 횡설수설이겠다 싶어
다들 저리도 응원의 함성인 건가

꽃처럼 사람처럼

꽃처럼
사람처럼

우리 멋진 거다

구름처럼
하늘처럼

우리 자유로운 거다

나무처럼
대지처럼

우리 단단한 거다

어제처럼
오늘같이

우리 사랑하는 거다

협죽도

황홀함에 넋을 잃었다
유로비안빌리지*에 거처를 정하고
서성이기를 석 달 열흘이었다

정령
눈 맞춤이라도 하길 바랐더란 말이냐
정말
입맞춤이라도 하길 바랬단 것이냐

잠시 잠깐 다니러 왔다가
세상 무어 미련이 더 남아
독하디 독한 독으로
꽃을 피워 내고도
기인 시간을 견디고 있더냐

벌이더냐
벌이더냐

아직 피어서 못 지는 것이
다시 피어서 기다리는 것이

무슨 잘못한 것이 있다고
무어 꿀 내어줄 것이 있다고.

이 징한 놈의 세상

*유로비안빌리지(Eurovian Village) : 사우디 알코바 시내에 있는 대형 컴파운드(주택단지)

꽃피는 시절

어떤 날은 절로 절로 흥이 나고
어쩐 날은 그저 그냥 노래가 나오고

어쩐 날은 억지 억지로 시간이 넘어가고
어떤 날은 울며 겨자먹기로 하는 일인데

오늘은 그냥 그럭저럭이다

그러다 문득 서울 집에서 문자로 건너온
가족의 메시지

"힘 내세요 화이팅입니다"

어디 사막에도 풀이 돋고
꽃이 피는가

그대 없는 이 사막에
술술 세월도 시간도 너끈히 넘어가는

지금이 바로
꽃피는 시절이다.

부겐빌레아

그냥 백일홍이라고 하자

석 달 열흘을 피어 있었다고 치자
너하고 나하고 그렇게 하자

어둠 내내 지나기만 하던 나를
그냥 한번 세워 보려고
앞만 보고 내달리는 나의 눈길 한번 받아 보려고

아침에도
점심에도
저녁에도

그저 바쁜 일상에 한번 느린 시선으로
나 한번 보고 가라고

석 달 열흘을 피었다고 하자

석 달 열흘을 지나고서도
지지 못하고 있었다고 치자

그렇게 백일홍이 되었다고 하자.

알코바 별꽃

언제더냐 노무자로 건너온 삼촌들 따라 건너온 것이
어디라고 살만한 곳이 있더냐 와 보면 다들 고생인 것을
한 해만 돈 벌어 돌아가겠다고 했더니
이제 십 년이 눈앞이구나
이러다 저러다 너같이 눌러 앉겠구나

한 해만 살다가는 남해안 보라별꽃들이 여기에 와서
중동의 사막의 땅에서 반갑다며
반갑다고 반짝 반짝 별빛만 같이
고향마을에 지천으로 피어 있던 봄날 지심만 같더니

무심한 시간을 건너와 무정한 세상에 건너와
여전히 담장 아래 자투리땅에서 모질게 살아남아
별꽃이 되어 피어 있구나
열사의 땅에서 보라별꽃들이 붉은뚜껑별꽃이 되어
살아남아 살아가고 있구나

어느 하루의 봄날

이 풀은 무슨 풀인가?
이 꽃은 무슨 꽃인가?

언젠가는 알고 있었던가?
언젠가는 알고 있을 텐가?

내 기억 속의 들풀과 들꽃
이름을 기억해 보려 하는 밤과 낮의 몇 날

쫓기듯 살아가는 나날 속에서
문득 빠져나와 사막의 막바지에서
막 꽃대를 틔워 낸 들풀의 흔들림을 보는

긴 시간대 어느 하루의 봄날

나는 저 들풀들 속 무슨 풀이었던가?
나는 저 들꽃들 속 무슨 꽃이었던가?

되뇌어 보는 언덕에
봄날은 간다.

접시꽃

나갔던 정신이
종일 수습되지 않아
바람 잦은
길섶에서 건들거리는 거냐

정신머리 없는 소리나
박박박 해대는
하루의 풍경이 재미나서
파안대소로 피어난 게냐

너나 나나
징글징글 더딘 하루
어쩌랴
좋은 게 좋다고
웃으며 살 일이다.

하루 그대만을 생각하고

늘 주변에 있었겠지

기억하지 못하는 것일 뿐

어제의 일조차

다 기억하지 못하는데

언제 꽃이 피었다가

졌는지

어제 핀 꽃 이름이 무엇이었는지

어찌 다 눈에 담고

어이 다 맘에 담고 있으랴

꽃이 다녀가고

주변에 내 사는 세상에

그대 생일도 못 챙기고 사는

여기 중동에

그래도 꽃피는 시절이

꽃 지는 시절보다

더 사는 맛이 나는 법

하루 그대만을 생각하고

지나가리다.

천일향

어쩔 것이여

평생을 떠도는 팔자여서
소싯적에 탈고향을 하였다고 치자

너와 나는
어쩌자는 것이여

혼자서 이 모래 땅에서
무슨 영광을 보자고
무슨 영화를 누리자고

너하고 나하고
여기서 만나서 눈이 맞은 것이여

석 삼일도 아니고
석 삼년을 피우고 피워서

누구를 기다린다는 것이여
누구를 부른다는 것이여

그러다 저러다
가는 것을

모두 가고
너는 남아

설마
나를 기다렸던 것이여?

사막에 봄이 오랴

사막에도 겨울은 가다

겨울이 왔다가 가는지
계절이 갔다가 오는지

정체 모를 새가 울고
이름 모를 들꽃 피고서야

봄인 갑다

무작정 시간만 죽인다고
사막에 봄이 오랴
무한정 계절만 기다린다고
사막에 꽃이 피랴

그래도 허구헌 날
높은 담장 안을 돌고 돌아서야
러닝트랙을 돌고 돌아서야

새가 울고
꽃은 피고

정신없는 봄이라도 왔다가 가는 거지
경황없는 꽃이라도 대충 피었다 지는 거지

해바라기

별거 없다
니 살아 봐라만
별거 없더라

아침 조깅 길에서 만난
해바라기 엊그제 화안하던
화색은 어디로 가고 없고

머 대단한 거 없더라
명을 받았으니
명대로 살다 가는 거지

몇 알 남지 않은
남루한 씨앗 몇 톨로
아직도 쌩쌩하게 지나가는
나를 세우고는

봐라,
봐라 이거
머 있나 그냥 속 편하게 살다
가믄 되는 거지

네 어미가 그랬던 것처럼
내 아비가 그랬던 것처럼

꽃가마 단장

어젯밤에는
상여꽃 같더니
오늘 아침에는
꽃가마 단장이다

잠 못 이룬 하루가
모래바람으로 가득이다

온밤 내내
휘파람 소리 내더니
아침 길에
화색이 도는구나

연지곤지로 단장하고
살포시 웃는 모습에
오늘 하루
좋은 일들 가득일 거 같아

콧노래 소리
절로 난다.

지지 않고 뜨지 않고

여기 머언 땅
삼동 내내 피었다가 지기를
무수하였다고 공치사라도 듣기를 기다렸던가
아직도 건재하다고, 여전하다고
미모로도 패기로도 젊은 것들
서넛은 어림도 없다고
호언장담이라도 하려고 여직까지
지지 않고 뜨지 않고
바닥까지 뜩뜩 긁어모으느라
열 일을 하고 있는 것인가?
암시랑토 않게 지고 마는 페튜니아도 노랑아카시꽃도
벌써 떠나간 핫시즌에
모든 것이 비어가노니 너무 서러워마라
기억해 줄 것이다 고마워할 것이니
다시 오는 날 맨발로
마중이라도 나갈 것이니
여전한 정염 이제는 거두어
부디 잘 떠나가라고
이 한 말씀 해주고 싶었다
이 아침의 길에서

꽃이 지도다

오는 꽃을 보았으랴

무수의 별들 다녀가고도
무한의 바람 지나가도록

모래알만큼이나 많은 꽃
머물 땅이 없어서였겠지
다녀간 사막나비 날갯짓
시선만 지나쳐 갔으리

이제야
내 마음에 바람은 자고
그제야
꽃이 지도다

그래서
가는 꽃을 보았을 뿐이다.

맨 땅에 헤딩하기다

맨 땅에 헤딩하기다

이름도 성도 모르는 사람에게
명함 하나 덜렁 건네 놓고
나는 누구라고 너는 누구냐고

우리 한번 잘해 보자고
머리를 숙인들 허리 한번 굽힌들
어찌 속을 알겠는가.

맨땅에 기어만 다녔구나
알리숨*

산전수전 겪었다고 하면 누가
니 이름까지 불러주랴
몇 번을 듣고서도 입에 붙이지 못하는
아랍사람들 이름만 같지만

꽃 하나는 야무지게 생겼구나.

*알리숨(sweet alyssum) : 쌍떡잎식물 양귀비목 겨자과의
한해살이풀 또는 여러해살이풀로, 지중해 연안이 원산지이다.

사평沙坪에 피는 꽃

꽃이 핀다
꽃이 핀다

오다가다 터엉 비인 사막의 길
이제나 저제나 비가 오면
사막에도 풀이 돋고 풀이 돋으면

사막에 꽃 피면
사흘이면 족할지라도

꽃이 피었다
꽃이 피었다

맘만 바쁘고
되는 일은 없는 날
사막에 풀이 오고 꽃이 피고
꽃구경 가자고

하매 그게
언젠데

꽃이 진다

꽃이 진다

하매 몇 날은 가버리고

성과도 없이 주베일에서

알코바로 돌아오는 길

오지게 붉은 꽃

사평沙坪에 피었다가

지고

일일초

화무는 십일홍이라
오다가다 입맞춤하던 꽃

하루만 피었다가
하룻만에 지는 꽃인 줄 알았더니
매일을 피워
일 년을 채우는 꽃

꽃도
어쩌다가 한번일 때이지
늘 어찌 아름다울쏘냐

어제는 꽃이었는데
오늘은 그저 이파리만 보이는데
보고 싶다가도
다시 보고 싶지 않을 때도
수두룩하더라

꽃이 지면
그때 다시 찾으랴
내 맘에서
니 꽃을 지우랴

꽃을 든 남자

꽃춤을 춘다고

아라비아 사막 서남부 해발 2,200미터
고산도시 아브하 오지마을
리잘 알마까지 가면

꽃을 든 남자
후타 전통 복장으로 저녁 내내
꽃을 나눠주면서

어제까지는 마을 잔치
오늘부터는 세상 축제라며
밤 내도록
노래하고 춤을 추고

살아온 시간들
살아갈 시간들
이제는
막춤도 꽃춤이 되고

온갖 시름 꽃향기에 묻히네

웃음꽃 함박꽃

커 나가는 것이
자식들 같다
금세 금세 모양을 키워
중천을 지나는

자식 셋 키우느라
우여곡절이 없으랴마는
사람살이가 늘
너 모양으로 커다란 마음이었으면
정말 좋겠다마는

오늘 커다란 보름이
서역 하늘 한 복판에서
웃음꽃이 되고

나는 너를 보고
너는 나를 보고
함박꽃이 되는구나

하루가 모처럼 어둠 속에서
밝으나 밝구나.

제2부

알코바 연가

장미석 薔薇石

모래 한 방울로 우는 꽃

백 년을 모으고 실 없는 바람
천 년을 기다려 덧 없는 시간

뉘에게 사랑 고백을 하렸더냐
미궁의 아라비아 사막에서

누구를 기다렸더냐
무슨 사랑을 꿈 꾸었더냐

모래 한 방울로 피는 꽃

뮤쟌 아일랜드에서

영락없이 조수潮水만 같아
들고 나는 것이

무어란 말인가?

왔다 갔다

담맘 뮤쟌 아이랜드
정어리 떼 짝을 찾아
거듭하여 돌아온 것이

갔다 왔다

그 빛깔 뜨겁기도 하여라
그 성정 급하기도 하여라

내어 지르는 쏜살들
휘감겨 도는 유희들
낯 뜨거운 사랑놀음이어도 좋다

한세상 잠시 들렀다
무한 바다로 떠나기 전

하는 데까지 해 보는 거다
가는 데까지 가 보는 거다

대추야자 익어갈 때

다시 돌다
속도를 버렸다

붉은 모자
붉은 신발
뜨건 일출도 없이

그냥 어둔 길을
지난다

트롯트도 없이
카톡도 없이
귀만 열었다

은하가 가고
미명이 일자
만물이 눈을 뜨고

새는 울어
대추야자 익어간다

푸른 인어

대책 없이 쏟아지는 졸음
아라비아만이 꺼울러지것네

푸른 물감 잔뜩 풀려
꿈꾸듯 유영해 들어가는 하오

아무도 모르는 곳에서
어딘지도 모르는 길에서
헤매는 시간들 잠시 접어두고

푸른 인어가 되어
파아란 용궁으로 찾아 들어가는 시간

깨지 말자 깨지 말자
깨우지 마라 깨우지 마라

세상만사 잊고 살아
천 날 만 날 살고지고

대책 없이 쏟아지는 고개로
아라비아만이 너울이 사납네.

알코바 연가

눈부신 해안선
가없는 수평선

내게 오라 내 사랑이여
여기에서 염원하니 돌아오라 내 사랑이여

세상을 얻는 것은 나중의 일이요
사랑을 얻는 것이 지금의 일이니
창연한 바다의 신이시여
거룩한 하늘의 신이시여

내 마음을 그대에게 닿게 해 주오
내 사랑을 그대에게 닿게 해 주오

바라건대 바라옵건대
지금 내게는 그대뿐이라오
내게 오라 내 사랑이여
내가 가리 내 사랑이여

리야드에서
알코바*만까지 기차 타고 건너왔다오

그대의 마음 헤아리려

사랑노래 지어 올리는 것이니

함께 박수 하고

함께 흥을 내어

사랑노래 함께 부르게 해 주오

*알코바 : 사우디아라비아 동부 해안도시.

세상의 끝에서 돌아오다

하늘과 맞닿는 곳에서
아무렇지도 않게 사는 사람들

바다보다도
사막보다도

오히려 축복이라며
늘 감사하다며 하늘을 우러러
무릎을 꿇는 사람들

땅의 끝
해발 2,200미터 아브하*

하루에 다섯 번
양탄자가 굳이 아니어도
아무렇지도 않게 거친 땅에다
제 시간에 이마를 찧는 사람들

길의 끝
리잘 알마

끝이 없을 것만 같던

막다른 길에서

꽃춤을 추는 사람들

나는 그렇게

하늘과 맞닿는 곳

세상의 끝에서 돌아왔다.

*아부하 : 사우디 아라비아 남서부 예멘 접경 근처,
해발 2,200m에 있는 산악도시로 여기를 경유해서
오지마을 리잘 알마로 들어간다.

돛배를 띄우는 사람들

알코바 만에서
돛배를 띄우는 사람아

킹피쉬를 잡으렸드냐

핑계삼아
어디에까지
돛편지 보내는 것이더냐

무어라도 건져올 수만 있다면
무엇이든 건너올 수만 있다면

바짓가랑이 다 젖어서라도
허리춤까지 물속에 들어가서라도

인연이어도 좋고 대어 소망이어도
정말 괜찮은 날

하 좋은 날이다

코레는 가족이야

카티프 타로홋 아일랜드 가는 길
이제야 어둠이 몸을 풀어 사방이
밤의 신령을 사막으로 물리는 길
나는야 어쩔 수 없는 어부의 후예
신새벽 물 때를 보러 가는 길
난데없이 차는 세워지고 웬 제복의 경찰들
불심검문을 한다고 문을 열라는데
카티프 뭐하러 가느냐
저 사람은 누구냐 어디서 왔느냐
이것 저것을 따져 묻는 모양으로
운전사 크리스나 대책없이 그냥
저 사람은 한국사람입니다
우리는 낚시를 가는 중입니다라고
뜬금없이 내 국적을 이야기 하는 거 같아
나도 아임 코리안이라고 했더니
코레*라고 아랍어로 뭐라하면서
갑자기 반색을 하며 그냥 보내 주길레
뭐라고 하는가 물어 보니
코레는 가족이야! 했단다
마침 일출이 일어 마음이 따뜻해지니
오늘은 이것 만으로 대물, 대박조황이다

*코레 : 사우디인들이 종종 한국인들을 부를 때 쓰는 말

토박이 아가씨

사우디 처자 세 명이
지나가는 이방인에게 말을 걸던 곳
안녕하세요?
얼굴 가리개를 두르고도
눈이 부시다
대뜸 한국인이라고 알아봤다며
한국 드라마를 좋아해서 한국말을 배우게 되었다며
사우디 토박이 아가씨가 용감도 하여라
아지단* 거리에서 얼마나 한국말을 써 보고 싶었던지
부끄럼 모두 다 내려놓고
한국말 능숙도 하더라
시간을 내어서 한국 갈 거라며
당차게 약속하더니
돌아가는 발길 그래도 아쉬웠던지
안녕히 가세요
아직도 그 눈매 아른거리네

*아지단 : 사우디아라비아 동부 해안도시 알코바 해변의 지명.

맹랑한 새

맹랑도 하다

남의 밤잠을 깨워놓고도
우는 울음 하나
내공이 높기도 하다

짝이 잃었는가
그믐밤 홀로
타령조 열 두 고비더니

짝을 얻었는가
보름밤 그새
사랑가 장단이구나

야자수 가지가지
무수의 이파리
빈 방 홀로 거닐던 그림자 하나
홀로 발광하고
양손잽이 진도 북춤을 추는구나

그 참
맹랑도 하다

밑도 끝도 없이 염치가 없다

기가 맥힌다

봐도봐도 능선능선 가없는 사평沙坪 뿐
가도가도 모래모래 막막한 사막 뿐

밑도 끝도 없이 염치가 없다

지금껏 살아 왔던 시간에 대하여
이제껏 살고 있는 세상에 관하여

말문이 막힌다

잘 살지 못한 것에 대한 자책에 관하여
잘 살아 남을 수 있을지 자문에 대하여

저 암담한 오지의 모래 능선에서
저 대책없는 험지의 모래 바다에서

하루하루의 열기를 견디고 살아 있는
나무 한 그루에 대하여
하루하루의 갈증을 버티고 살고 있는
낙타 한 마리에 관하여

내가 미안할 뿐이다

여기가 시점이다

여기는 종점이다.

더 이상 갈 곳이 없다
가도 가도 끝없는 길도
끝이 있다면 여기 담맘역이다
끝간 데 없는 막막한 길을 건너왔다면
그대여

더 어디로 가려 하는가
밤 내 꿈꾸어 다다른 여정이다

사막의 끝에서
아라비아만의 일출을 보았거든
못다한 노래마저 전할 수 있게 되었거든

이제 함께 돌아가자
그대여

여기가 시점이다.

후푸프

결국 너에게로 가는 것이다

그대의 마음과 나의 마음이
그대의 세상과 나의 세상이

닿아야 쓴다

야자수가 밀림을 이루어
사막 오아시스 호수가 바다와 같은데
다시 어디로 떠나겠다는 것인지

간다고 가는데
어디까지 가는 것인지도 모르고
무작정 나선 길
아무도 가지 않는 오지에서도
무언가를 전하기 위하여
견디고, 버티어 가는 것이다

외로움이든
괴로움이든

결국은 견디다 보면 닿을 것
마침내 버티다 보면 전할 것

간직하여 가져가는 것
그대여 어쩌든지 만나고자 하는 사람
만나거든

우리의 안부도 함께 전해다오.

그림자 하나로 산다

뜨는 해로
지는 달로

사무침이 가시랴

견우성과
직녀성을

바라며

그림자 하나로 산다

바레인
카타르
멀리
페르시아
너머

별 하나 뜨면

나 오늘 하루
그리움 하나로 산다

물의 여인

무얼 하느냐
거기 바다 위에서

남녀칠세부동석이라
이 나라에서는 모두 족두리를 쓰고
눈만 내어 놓고

남녀는 가족이 아니고서는
공공장소에서 함께 앉아 차도 못 마시고
밥도 먹을 수 없다니

물의 여인이여

남녀가 손을 잡을 수도
함께 벤치에 앉아 있을 수도 없으니
가까이 다가가기도
잠깐이라도 쳐다 볼 수도 없구나
이 나라에서는

물 위의 여인아

만조로 가득한 마음
이제야 알 것만 같구나

알코바 타워

언제 쯤이면 네 속을 알 수 있으랴

신심$_{信心}$이 깊어서
하늘에 하나
물에 하나

떠나온 이녘의 땅
바레인 건네다 보렸더냐

내 마음도
천 번이고 만 번이고

떠나온 동녘의 땅
그리운 마음들
건네다 보렸더라

언제 쯤이면 네 뜻을 알 수 있으랴
정월 초하루
진정 우리가 하나가 된다면

내 수를 버리고 너에게로 가리라

중천

돛배가 바람을 따라
먼 바다로 나아가고 있었네
사월 윤달 마악 끝나고
사람들 사막에서 나와 알코바 코니쉬
해안 길을 따라 아이들하고 가족들하고
중천으로 향하고 있었네
산들바람 아직은 고실고실
사방엔 꽃들
온갖 새들 울음 가득하였다네
너른 바다 위 아라비아만
잔물결 위에 금가루 잔뜩 흩뿌리고 있는데
아직은 돛배 중천 건너가고 있었네
저기 이승의 바다 찰랑거렸었네
다들 건너간 이랑들 사이에
길이 보였네 내가 건너야 하는 길
그대를 찾아 가야 하는 길
그대를 맞으러 가야 하는 길
파도 높은 날 바람 거센 날이어도
거기 중천의 바다 한 가운데
결국은 지나야 하는 길 하염없는
사람의 길 사랑의 길
쉬임 없이 가는 길 머물 곳으로
다시 돌아와야 하는 곳
중천으로 내가 지나가고 있었네

하루에 다섯 번

여기 사람들은
모두

하루에 다섯 번
어김없이
무릎을 꿇고 머리를 조아리러 간다

손을 씻고
발을 씻고
얼굴 씻고
입도 씻고

어디 씻어 낼 곳 한 두 군데랴
마음을 비우고
그저

모스크 지나며
나는 어디다 머릴 두고
간절하게 기도를 하랴

오늘도 무사하길
우리 가족
그리고
그대여

카티프 맹그루 나무

도대체가 무엇으로
여기 카티프 바닷물에서 살고 있느냐
그대들 살아가는 모습만으로
가슴이 저리거늘
무슨 영화를 누릴 거라고
여기 타로웃 아일랜드까지 흘러들어 왔으랴
아랍어로 뭐라 뭐라고 하는
저 사우디 아저씨의 말을 이해하는 거만큼
너희들의 군집과 군락을 어찌 납득하랴
다섯 마리의 들개를 쫓아내기 위한 고성이어도
세 명의 이방인을 몰아내기 위한 고함일지라도
그것이 너희들의 슬픔처럼 들렸다
아니 세상을 향한 원성처럼 들렸다
그래도 살아야 한다면
그리고 살아 있어야 한다면
뜨건 바닷물 속에서도 무수의 여린 순들을
곧게 키워내는 것으로
그래 그렇게라도
한세상을 살면 되는 것이냐

하프 문 베이

달이 빈
바다로 떠나오다

내 전생은 바닷물고기였으리
머무는 이승 내내
바다 주변만 떠도는 걸로 보면

다들 어디로 떠나갔는가?
소금 실어나르던 배들
진주잡이 나가던 배들

다들 어디로 떠나가는가?
만삭의 유조선들
무거운 몸 풀러 어디로 가는가?

초승도 그믐도 흔적도 없다

빈 배 한 척만 뭍에 올라와
달을 기다리고 있을 뿐

한가로운 갈매기 몇 마리
돌고래 유영하는 반달 만(灣)에
겨울 햇살만 가득이다

다시 달이 차오르면
나 이제 바다로 돌아가리

제3부

사막 허수아비

사막 허수아비

허수아비다
이제 막 사막에서 건너온 아비는

어느 장단에 춤을 추랴

종일 멍만 때리다가도
다들 자는 자정에 저녁을 혼자 먹고서라도
모두 떠난 점심에 아침을 홀로 먹어서라도

어디라도 언제라도
한달음으로 달려가리
마음을 앞세우고 몸은 끌고서라도

누가 줄만 댕겨라

나 홀로 장단을 일어
그대 부름에 춤을 추리라

울음으로도 웃음으로도
충만한 이 아비는

아직도 뜨거운
사막 허수아비다.

가벼워지기

세상이 비어져 간다

출국장 인천공항이 비었고
환승장 두바이공항도 텅텅 비었더라

도심도 담맘
식당도 알코바
매점도 유로빌리지

오늘은 해도 달도
자리를 비웠더라

새벽부터 야옹거리던 고양이들도
아침 내내 쫑알거리던 새들도

주말이어서 다들 쉬겠다는 건가
그러면 나도 비워내는 거지
머리도 마음도 정신도 육신도

비우고 비우면
세상사 좀

가벼워지는 거지

바람이 많은 날

바람이 많은 날
창 밖 어둠 속
야자나무가 흔들리고 있구나

막내 아이 대입시험 전날 떠나와
고생했다 애썼다
문자 메시지로만 위로하고

둘째 아이 졸업식 앞두고 떠나와
축하한다 수고했다
화상 메시지로만 격려하고

모든 것을
먹고 살아야 한다는 핑계로
살아남아야 한다는 이유로

함께 하지 못한 시간들로 하여
그림자 하나 울고 있구나

잘못했다 내가

백수가 과로사 한다

그래도 궁금하여

명예퇴직으로 삼십 년을 넘게
조석으로 드나들던 회사 문을 나선 이들
어찌 사는가 싶어

그렇게 통화를 하여보니

바쁘단다
이러다가 백수白手가 과로사 하겠다고
능청을 떨길래
이참에 한숨 돌리고 건강 잘 챙겨서
백수白壽는 해야지 하고
끊으려고 하는데

거기 자기
아직 직에 있을 때 잘해 하고

아직도 입은 살아서

꽃을 찾아서

이른 아침 일출이 일기 전
사방팔방 뛰어 다니며
가던 스피드 죽여서라도
굳이 사진을 찍는 것은
멀리 있는 가족들에게
꽃으로 안부를 전하려는 겁니다.

중동의 꽃 소식을
여기 사막의 땅에서도 피어나는 생명들
그 가열찬 활기를
한낮이면 섭씨 사십 도를 넘어가는 핫시즌에도
여전한 활력으로 살아 있다고
건강하고 안전한 하루가 되기를
여전한 하루 힘내자고
힘을 모아 보내기 위함입니다.

그래서
오늘도 화이팅 하자는 마음을
꽃으로 보내기 위함입니다.

사막의 강

사막에도 강이 있으랴

오늘은
저 사막의 어느 강을 건너게 될까
거기에 멋진 다리가 있어 멋진 차를 타고
떠오르는 해를 따라 함께 건너면
좋겠네

오랜 다리라도 좋아라
함께 걸어서라도 건널 수만 있다면
뜨거운 태양 아래면 어떠랴
함께 손잡고 건널 수만 있다면
참 좋겠네

다리가 없으면
배를 타고 건너리
그대와 지는 해 건네다 보며
함께 건너온 사막의 길
석양을 함께 할 수만 있다면
멋지지 않으랴

거기가 저 황량한
사막이어도
빈 강이라도
그대와 함께 할 수만 있다면
그저

나무라지 마세요

땡 하면 다섯 시
퇴근 찍고 나서는 길
왜 서둘러 나서냐고 뒤통수 찌리며
나무라지 마세요
그저 서울에서는 하루에 딱 한번
자정이 되어서야
이노무 화상을 만날 수 있다고
어둔 밤 깊은 잠 마다하고
이제나 저제나 전화 올까 싶어
천근만근 눈꺼풀 견디며
하루치 이야기 풀어 놓아야
하루가 눈 녹듯 풀어지는
다 큰 아이들 아직도 챙길 거 많으니
고생한다고 말 한마디 하려고
하루를 마무리하러 가는 길
울 각시 얼굴 보러
정시에 퇴근하는 나를 두고
너무 나무라지 마세요

삼동의 노래

괜히 미안해

여긴 중동이어서
사막 모래바람 지천이고
사오십도를 넘나드는 열사의 땅이어서
늘 고생만 하는 줄 알지만

중동의 삼동은
사람 살기 딱 좋은 날씨에
모래바람 하나 없고
알코바 해변에는 가족들 연인들 아이들
세상 좋다고 호시절을 만끽하고 있는데

나만 거기를 지나 눈 호강을 하고 있어서
괜시리 선그래스 끼고 나서고
찍은 사진들 괜시리 올리지 못하는 거

하매 눈이 많고 추위가 매운
그곳에서
하루 제대로 쉬지 못한 그대여
아이들 다 키우고 이제 허리를 펼만한 시간에
병원 그 좁은 공간에서
하루를 지내는 그대에게
이런 좋은 날씨까지도

정말 미안해

잠 못 이룬 밤

밤새 바람이 짙더이다

그렇게 떠나와 버려서
긴 밤 시도 때도 없는 통증으로 시달리느라
나뭇잎들 쉴 새 없이 흔들리더라

새벽 한 시 잠이 깨서는
이래도 저래도 어째도
잠은 다시 들지 않았기에 결국 일어나

불을 켜지도 않고 문을 열어
바람 지나는 나뭇잎들 따라 함께
흔들리나니

너희도 함께 잠 못 이루고 있구나
흔들리는구나
밤을 밝히었구나

세 시간만 자고도 미안해
어쩌든지 잘 견디어
무사하기만을 기원할 수밖에 없겠거니

다만 그래도 꿈을 꾸어서라도
그대들 생각만으로
미안하게 단잠을 이루지 않아서
그나마 덜 미안하다는 것일 뿐

하현에게

성성하다 흰머리가
여전히 뜨거운 일출 누가 뭐라든
싱싱하다 이 아침은
언제나 살아 있다 어찌 되었든

가는 쪽이 서산일지라도
마주하는 쪽이 동산일지라도
온 밤 지켜 내었으니
반쪽으로도

새삼 무얼 내세우랴마는
굳이 밤새도록 일어난 일들
입에 담아 무엇하랴 싶어
무명으로 무감하게
내리는 쪽으로

반쪽이 되어 저무는 것이니
어찌 아랴 다시 환생을 믿어
아직도 공염불이나마 그간의 공덕 말고
남은 시간 공을 들이는 것이니

나무라지 마라 아무런 색감도 없다고
빛바랬지만 그나마
무명도 아직 남아 있으니
그저 그만이라도 족하니
되았다.

함께 산 날을 따져 보니

생계를 위하고
가족을 부양하는 일이라고
해외를 떠돈 지 십 년이다

우리 부부가
십 년을 지나는 동안
함께 산 날을 따져 보니

햇수로는 십 년인데
실제로는 일 년이네

해외에 근무하지 않으면
돈이 되지 않는다거나
국내에 일자리가 없다는 건
지금에 와서는
무슨 소용이랴

함께 한 추억도
함께 한 시간도

핸드폰에 저장되었다가

지워져 버린 것처럼

무어 하나 남은 것 없다고
미안해하면

아직도 남은 세월이 얼마냐며
무심한 듯 흘리는 그대 뒤켠엔
흰 눈들 하염없이 내리고

감사하고 고마워

더 많이 살았다고
무어 더 아는 것들 있으랴 싶지만
그래도 하소연이라도 해 줘서

감사하고 고마워

무엇이라고 사는 것이
그렇게 아웅다웅 할 거까지야
그래도 사람 사는 세상이니
어찌 하루 그냥 넘어갈쏘냐

참지 말고 말해야 쓴다
어디라도 풀어놔야 한다
무감하지 말고 유감해야 산다

말 안 하고
말 못 하는 것들이
쌓이고 쌓이면
묵은 유감이 되고

생계도 생환도
물 건너가는 거다

그대여.

섣달 일출은

뜨고 또 뜨고

내내 어둠이더니
섣달 알코바 일출은 잠시 잠깐이더라

사이 해는 중천을 향하고
눈 깜짝 할 사이
간밤 무얼 기억할 게 있으랴

밤을 세웠으랴
날을 지샜으랴

정신없이 들어와서
정신줄 잡을 새도 없이
휘둘리다가

아무 것도 잡지 못하고
괜히 나이 하나 버렸다

지고 또 지고

아침마다 보내는

바라건대

혹서기가 지나는 화단에
모래바람 지나는 지평에
된바람이 지나는 바다에
비구름이 지나는 하늘에

두 손을 모으고
모아

서로 다른 시간대에 일을 하고
서로 다른 공간에 존재한다는 것으로
현실적으로 보탬이 될 수 있는 것은
아무것도 없기에 멀리서 전화로
문자로라도 가족을 챙기고
형제의 건강을 여쭙고
친구들의 안부를 묻는 것이 고작인

알코바에서

아침 화안한 날들이

한낮 따뜻한 날들이

오늘 행복한 날들이

종일 건강한 날들이

되기를

바라고 바라며

바랄

뿐입니다.

시를 읽는 밤

간밤 딸아이 울었다는 소리에
밤새 잠 못 이루고
바깥은 바람이 거센지 야자수 가지 어지럽고 어지럽네
자정을 넘어 다시 잠이 깨어
모녀가 아직도 울고 있는가 싶어
그예 서울로 전화를 넣어 보니
딸아이 눈에 간밤 폭설이 내려앉아 있네
울고 싶거든 울어야 쓴다
속에 두지 말고 밖으로 흘려보내야 산다
부모가 어찌하여 자식을 울리려 하는가 싶지만
그래도 울고 싶을 땐 울어야 속병이 안 생길 것만 같아
울면서 살자고 울어서 낫게 하자고
결국 잠은 멀어지고 머리맡에 불을 당겨
시집을 꺼내어
한 편 시를 읽는 밤
언제나 저 바람은 잦아 들어 야자수 잠이 들려나
서로 위로 하는 밤
시로 위로 받는 밤

청량리행

양평에서 딸아이한테 들렀다가
청량리로 돌아오는 길
캔맥주 한 병에 오징어 땅콩으로
울음을 달래는 길
사월 초하루 세상은 온통 꽃길인데
올해는 어찌 된 조화인지
개나리 진달래 목련 벚꽃 한꺼번에 피어서
누구를 달래려는지 꽃세상 일구어 놓고
한바탕 웃으라는 건지 울음 울라는 건지
웃으라고 한들 어찌 맘으로 웃음이 나오랴 싶다가도
어쩌랴 싶어 억지로라도 웃어 보려는데
얼굴만 찡그러지고 웃음은 나오지를 않네
먼데 국도에 달려가는 벚꽃 무리들 속
화사한 봄꽃들 진력이 보이는데
꽃 하나 피우는 것도 그냥 되는 것 없으리
일어서라 일서서자
우선은 마음을 일으켜 보는 길
꽃길이 사방으로 펼쳐지는 길
내 집을 향해 가는 길

쑥대밭이라도 만났으면 좋겠네

여기도 같은 시절
쑥이라도 지천이었으면 좋겠네
여기나 거기나
타향인 것은 매양 같은데
내 눈에 보이는 것은 모래땅뿐이요
그대 눈에는 사방이 쑥향이겠네
멀리 바다는 같은 하늘 아래 푸르른데
어디서 쑥향 바람따라 오는가 싶어
낙타길 따라 사막을 건너네
바람 따라 해를 쫓아
한 계절을 건너가는 길
사방은 가시덤불 더 가면
그래도 그대가 거기 좌상을 펴고
쑥국 한 사발로 기다리고 있을 거 같아
사막여우 지나간 길 따라
라마단 한낮 공복으로도
그래도 흥얼거리며 찾아가노니
쑥국 한 사발로
행복해질 시간을 향해 들어가노니
여기도 같은 한 세상
쑥대밭이라도 만났으면 좋겠네.

비가 고국처럼 내리고

비가 고국처럼 내리고
열차만 떠나보냈다.
알코바를 떠나기 위해 나선 길
담맘역에서 반바지를 입었다고
승차거부 퇴짜를 맞고
뒤돌아서는 길
국적없이 내리는 비에 속만 상하는데
아무리 더워도 공공시설에는
반바지가 허용이 안 되는
엄격한 규정이라 어쩔 수 없기에
그냥 돌아서 가는 길
왠지 오늘따라 비가 맞고 싶은 날
고국처럼 비만 내리고

바람이 높다

바람이 높다
늘 푸를 것만 같던 잎사귀들
밤사이 떨어져 아침 일출 아래
이리저리 몰려다니느라 경황이 없다
세상 어디에도 늘 푸른 나무 없으리
새 소리 맑으나 맑지만
밤새 들리던 그 소리 애달폈으니
부지런하게 걷고 뛰는 무리
사이로 지나가는 바람에
사나흘 곱던 꽃들 떨어지고
나는 일출을 맞아
안부용 핸드폰 사진을 찍는다
그 사이 바람이 지나고
늘어지지 말자고 휘익
다가올 핫시즌 잘 넘어가자고
모래바람 일어
늘 고울 것만 같던 꽃들
마저 챙겨서 떠나가는
바람이 짙다
고양이 두 마리 다투는 소리만
남겨두고
하루를 댕겨 일출을 부르는
바람이 분다

아무리 바쁘더라도

바쁘더라도
사월, 사월에는
봄노래 한 가락쯤은 부르며 지나가기

저 너른 사막에
모래폭풍이 끊임없이 일더라도
내 가슴 속에는 향수를 일구는 너른 보리밭이 펼쳐지고
거기 청보리 가득 미풍에 일렁이는
남쪽 고향 생각하며
유치한 노래라도 한 자락 높은음으로 뽑아 부르리

바쁘더라도 아무리 바쁘더라도
사월, 사월에는
그리운 사람들 이름 하나, 하나 부르며
하루를 살아가기

잊지 않게, 잊혀져 버리지 않게
십몇 년을 연락도 하지 않았을지라도
나 여기 아직 따뜻하다고
그대 따뜻한 마음 그리웁다고

여기 살아 있다고 사방으로
사월, 사월에는.

제4부

우리가 간다

우리가 간다

사막에 비가 오고 나서
생기가 돌기 시작하더라

우리가 간다!

모래바람 지천이더니
오늘은 달빛으로
그대 눈에 빛이 나더라

허리가 꺾이도록 무더웠던 시간
모두 지나가고
이제야 현장 일을 시작하였노라고
박수로 함께하는 시간

흥으로 넘쳐나더라

새로 파견 나온 조 전임께서 선창하는
패기 좀 보소
덩달아 신참중참고참갈참
모두가 함께 하는 소리

그래서
우리가 간다!

다시 사막

늘 그럴 듯
고참이라도
어디든 처음엔
신참인 거지?

석 삼년은
귀도 막고
말도 말고
보도 말고

묵음 득도해야
석삼년은 버틴다는 거지

새 소리에
이른 사막
일출이 인다.

우린 처음으로 이름을 주고받았다

우린 처음으로
이름을 주고받았다.

너는 그 전에 누구를 알았고
나는 그 때에 누구와 일을 했노라

사돈의 팔촌까지 팔아야 한다

그래서
너와 나는 어떤 인연이었기에
여기에서 다시 만났으니

이젠 여기에서 우리는
서로 무엇으로 남으랴

가고 오고 다시 오고 가는
이 시간

저 너머에 바다가 흐른다

알코바 푸른 하늘에
햇볕이 좋다

다시 시작하는 거다

늦은 점심을 먹는 길

세상에서 석유 생산을 가장 많이 한다는
주베일에서
햄버거 하나씩을 시켜서 펩시에 말아
늦은 점심을 먹는 길

사우디의 구월 햇볕은 마알갛고
이제는 사막을 달궈 대던 열기도 좀
식어가는 중이어서 살만하다 싶은데

막막하기도 하여라

알지도 못하는 사람들 찾아다니며
뭐라도 일거리를 좀 달라고
조르기도 하루 이틀이지

뭐라도 수주만 된다면
저기 날리는 사막의 모래알에게라도
하루 다섯 번을 고개를 조아리리라.

세상이 무어라고 하든

무엇을 찾는가?

살아도 살아도 사느라고 살아도
여전히 세상은 쉽게 길을 열지 않아
만사가 저 사막의 세상만 같을 때
그대여

무엇을 찾고자 하는가?

남이 만들어 놓은 길로 왔다가
그 길을 따라가는 시간
이제는 돌아가는 길이다

세상이 무어라고 하든
기를 쓰고 살아남아야 한다
길을 잃었거든
이제부터는 길을 만들어 나가야 산다

저 막연한 세상에도 살아남는 길이
있을 것이니
다 왔다고 주저앉지 말라 더 가야할 길이
남아 있다

그대여

우당탕을 아시나요?

해외 현장 십 년을 넘기면
결국은 맛이 가고 말지
그래서 삼시 세끼를
우당탕만으로 버티어 간다는

더위에 밥맛을 잃으면
먹다 남은 온갖 것 넣고
푸욱 끓이다 보면
이 맛도 저 맛도 아닌 맛

한번은 인사치레로 얻어먹지만
두 번 다시는 더 달라고 하지 않는다는

우당탕을 아시나요?

그래도 한 끼도 거르지 못하는
중생이어서
오늘도 삼식이 저녁 밥상을
뜨거웁게 하는

더운 나라
사우디 알코바에서
심신을 버티게 해 주는

우당탕을 아시나요?

내 잠시 머문 자리

가을볕 좋을 때 왔다가
북악산 건네다 보이는 자리에 왔다가
잠시 머문 자리에

겨울 볕 하얗게 내리면
누가 와서 앉아서 다시
눈 덮인 북악산을 건네다 보고 있을까?

왔다가 가고
갔다가

바람처럼
구름같이

흐르고 잠시 머물고
그러다가
어디에서 쉬어가고 있을까?

내 잠시 머문 자리
오늘은 단풍같이 뜨겁고
내일은 낙엽처럼 내리리

고참을 지나면 갈참

나는 높아지기만 할 줄 알았지

높아지면
모두들 우러러 볼 줄만 알았지

갑자기 임금피크라더니
월급도 꺾이고 허리도 꺾이더니

고참을 지나면
갈참이라고 하니

무슨 말만 하면
라떼는 이제 그만 파시라고
말빨도 안 먹히니

그래도 나는야

달달한 라떼로
삼절까지 트로트 목청을 뽑아들고
진짜로 찐하게

살아갈 거다.

독방거사

사우디에 들어와 삼년이다

빈방 홀로
목청이 터지라 부르는 노랫가락으로
득음은 벌써 하고도 남았다

주말 이틀을
묵음으로 사는 날이 하 많아
어디 깊은 산 들어가지 않고서도
득도는 벌써 했겠다

주말이 힘겹다
연휴는 두렵다

혼밥을 먹다가
혼자 자주 웃고 더러는 울고

어제는
혼자 사는 것이 편해졌다는
김 부장 말씀에
그냥 눈물이 났다.

결국 끝은 있다네

결국 끝은 있다네

끝내고도
끝내지 못한 채로
사람들 떠나가고 있네

달의 길로 가고 있네

남아 있는 우리는
남은 짐을 나눠지고 다시
사막으로 들어가고 있네

해의 길로 떠나가네

끝이라고 생각되는
끝까지 가야 한다네
남은 시간을 일으켜 세워야 한다네

별의 길로 가야 한다네

가고 가다보면
돌고 돌다보면

집으로 가는 길은
열리리

주저할 거 없다

처음부터 맘대로 되랴

그래도
맘만 먹으면 안 되는 일도
된다고 하더라

말이야 쉽지

발주처 만나러
다시 나서야 하는 길
다들 희망퇴직으로 회사문을 나서는 때에
우리는 다시 발주처 사무실로
향하지

가는 길 천리길
오는 길 만리길

무어라도 건져와야 한다는
일념 하나로

꽃 피고 새 우는

시절이 다시 올 거라고
사우디에 한국 사람들
다시 북적일 날을 위하여

무얼 주저하랴
어디라고 가지 않으랴

썩썩 비나이다

비나이다
비나이다

알코바 만에서 비나이다

가도 가도 끝이 없는
타향의 길 타국의 길
만고에 고향으로 가는 길을
일러 주옵소서

비나이다
비나이다

이제 마악 떠오르는 일출 기원으로
썩썩 비나이다

제발 덕분으로
올해에는

우리가족 건강기원
우리형제 만수무강
우리회사 대박수주

기원하고
또 기원하나이다

다시 꿈을 위하여

여기서 무슨 꿈을 꾸는가?

돌아가지 못해서
돌아가고 싶지 않아서

나무를 심겠다고 물불 안 가리던 청춘들
꽃을 찾아 이리저리 휩쓸려 다니던 시간들
남은 과실을 따겠다고 남아 있던 시절들

이제야 다시 시작인 건가?

사우디에 다시 돈이 돌기 시작한다고
어느 사이 한국 사람들 불나방처럼
모여들고 있는데

이제는 떠나야지
이제는 떠나가야지
살아남을 수 있다고

수없이 되뇌면서도
그간에 전문가가 되었다고 추켜세우는 통에
다시 남아 있겠다고 맘을 먹는 밤

정신 바짝 차리기다
다시 꿈을 위하여

세상을 위하여

사막에 나가서 물을 주라고 하네 아무것도 없는 막막한 사상을 깨우라 하네 구름도 비껴가는 내 황망한 생각을 깨우라 하네 어디라고 살아남은 생령들 있겠느냐마는 비어 가는 가슴이라도 채우라 하네 아직도 발아하지 못하고 있을 씨앗들의 영원을 깨우라 하네 영면을 일으키고 움을 내어서 꽃대도 올리고 꿈도 틔우라고 하네 나비도 부르고 바람도 불러서 잠시 잠깐이라도 함께 춤을 추는 세상 만들어 놓으라고 하네 하다 하다 안되거든 이른 새벽 그믐달에 머리를 조아리고 남은 육신이라도 풀어 놓으라 하네.

많이도 배웠지

지금이야 어림도 없지만

안 되는 일들을 되게 하려면
방방 떠서라도 밀어붙여야 하고
안 된다고 다들 고개를 저을라치면
입에 게거품을 물어야 한다고
배웠지

잘 안 풀리는 일들 앞에서
혈압이 터져도 고함 고함이면 풀리고
잘못된 일을 제대로 되게 하려면
밤을 새워서라도 하면 되는 법이라
그렇게 배웠지!

사막의 현장에서
이국인들과 일을 하다 보면
하루에서 몇 번은 복장이 터져나가는 법

그래도 저녁에는
돌아오는 사막의 길에서 잠시 차를 세우고
어둠 속 별들을 올려다보고
아직도 불 끄지 못하고 있을 그대에게
고생한다고 불 끄고 주무시라고
한 말씀 하는 것도
배웠지

주베일 인력시장

발주처 승인까지 받아놓은
한 달짜리 안전담당자가 연락되지 않아
인력공급업체를 쫓아 들어가는 길

주베일 인력시장
인산인해구나! 발 디딜 틈 없이

사람 사는 세상 만들어 보자고
오만 세상에서 모여든 사람들
기름 냄새보다 더 진한 땀 냄새로
한가득 하구나

땅을 파랴 길을 만들랴 공장을 지으랴

그저 뭐라도 일거리만 있으면
하루치든 한 달치든 뭐라도 하겠다며
이력서를 싸 들고 구름처럼 움직이는
저 아우성들

돌아가지도 못하고
남아 있지도 못하고

찾던 인력이 어디 석 달짜리 주는 데로 가 버렸다고 해서
목소리 한번 높이고는 별수 없이
빈손으로 돌아서는 길

어디에서 마땅한 사람을 구할 거냐고
돌아가 지청구를 들을 일이
아득하구나!

죽어라고 뛰어 보니

도깨비를 만나
죽어라고 뛰어보니 제자리라더니

죽어라고 뛰어 1.5km를
일 등을 할 거라고 전력질주를 하였더니
누가 그러더라고
꽁지 빠진 빗자루 몽뎅이 굴러가는 거 같더라니

하초에
머리에
팔뚝에
허벅지에

빠져나갈 건 모두 빠져나간 몸으로
그나마 완주라도 한 것만으로 어디냐고

그래도 욕심만은 일등이었다고요!

한 주일 내내 큰 소리 치고 다녔지요.

물때를 기다리며

낚시하다 보면 조사들은 늘 그러지
대박 조황은 어쩌다 만나는 기적일 뿐
일일 일 감성돔도 안되는
꽝치는 날이 더 많다는 걸

물때는
물의 때를 이야기 하는 것인지
무는 때를 이야기 하는 것인지
묻지를 마라

물의 때가 되어서 입질이 많기도 하고
무는 때가 되어서 입질이 많기도 하다고

세상 사
무엇으로 단정하지 마라고
세상살이 호락호락 하지 않다는 걸
알만한 시간이 되어서야

욕심을 비워야
세상 운이 내게로 온다고

해바라기에게

징하디
징한 세상
넘기고
남길 건 없어도
해 뜨는 쪽으로
꼿꼿하던 기세
모래폭풍 속에서도
굳건하던 품세
기억하노라 그 화안하던 웃음
그리고 표정으로
함께 하던 시간들로
행복했음으로
장하다
장해
어디에서 다시 만나면
내가 먼저 웃음으로
너를 맞으리

노를 저어라

세상 살다 보니 이런 날도 있구나

일주일이 멀다 하고 출장 오는 본사 직원들
한나절 내내 화상회의 하느라 일이 넘쳐나지만

그래도 웃음으로 맞이하고
어쩨도 웃어가며 응대하고

기다림이 길었다
이제는 접을까 했던 시간들 견디기를 잘 했다

한국 건설업체들 수주 낭보가 날아들고
우리 회사도 오랜만에 수주를 했으니
잠시 기쁨 뒤로 미루고

물 들어온다 노를 저어라!

언젠가는 떠날 곳이라고 정 주지 않으려
정 붙이지 않으려 했더만
플랜트 르네상스라고 어느 사이 현지 전문가라고

꼬레의 열풍이 분다 돛을 올려라
어여가자 어여가

어기영차 어여차
어기차차 어영차

이 길을 얼마나 오갔던가

또다시 들어가는 길

시계 제로인 도로에
서너 대 차량은 치받아 있고
갈 길은 아직 먼데
외길은 잠겨 있다

이 길을 얼마나 오갔던가

그래도 이제는
답답하지만은 않다

처음으로 수주하여서는
일없이 주저앉아만 있던 작업자들 손에
일감을 준다는 생각으로

길은 모래바람으로 어두우나
눈은 밝아
가는 길이 멀지가 않다

일이 생기니 여념은 없으나
몸은 가벼웁고

마음은 뜨거웁다.

해설

사막의 꽃, 그리운 불꽃 생명의 경전

조명제 (시인, 문학평론가)

1

명재신 시인이 사막의 나라에서 일하고 생활하면서 쓴 두 번째 시집을 낸다. 열사熱沙의 땅 중동에 들어가 플랜트 건설사업의 일원으로서 임무를 수행해 온 것이 10년의 세월을 헤아린다. 이제 중동 파견 근무는 마무리된 것이라고 하는데, 그는 오랫동안 신임을 얻어, 아랍에미리트와 쿠웨이트에서 2년 혹은 3년씩 몇 차례 일을 하였고, 그 이후 곧 이어 사우디아라비아로 파견되어 3년 여의 세월을 '사막인'으로 살았다.

"봐도봐도 능선능선 가없는 사평沙坪뿐/ 가도가도 모래모래 막막한 사막뿐"(「밑도 끝도 없이 염치가 없다」)인 대지는 "지금껏 살아 왔던 시간에 대하여/ 이제껏 살고 있는 세상에 관하여" 정면으로 되짚어 보게 한 것이다. 암담한 오지의 모래 능선, 대책 없는 험지의 모래바다는 그간 건실히 살지 못한 것에 대한 자책을 불러일으키고, 열사의 열기를 견디며 살아 있는 한 그루의 나무, 갈증을 버티며 살고 있는 한 마리의 낙타는 인간의 안일을 질타하는 것 같다.

더 이상 갈 곳이 없다

가도 가도 끝없는 길도
끝이 있다면 여기 담맘역이다
끝간 데 없는 막막한 길을 건너왔다면
그대여

더 어디로 가려 하는가
밤 내 꿈꾸어 다다른 여정이다
-「여기가 시점이다」부분

    가도가도 끝없는 사막, 거기가 종점인가하면 거기가 시작점이다. 이제 사막의 나라에 운명처럼 내려 마주하게 되었다면, 아라비아 만의 일출을 보고 생존의 결의를 다지며 함께 일터로 돌아가고, 함께 끝을 맺고 고국으로 돌아갈 일이다.
    이른바 온대지방의 사람으로서 머나먼 열사의 나라에 나아가 플랜트 건설업에 종사하며 몇 년씩 살아간다는 것은 여간한 인내심과 지구력을 요하는 일이 아닐 터이다. 고국의 처자와 친구들, 정든 풍광과 변화 많은 자연풍경이 그리운 나날 속에서 살아간다는 것은 견딤의 힘이 아니고서는 달리 설명되지 않는다. 머나먼 중동 열사의 나라에서의 삶은 고역苦役과 그리움과의 싸움이 아닐 수 없다. 그 그리움의 끝에서 건설업의 시인은 사막의 꽃에 눈을 뜬다.

    꽃이 핀다
    꽃이 핀다

    오다가다 터엉 비인 사막의 길

이제나 저제나 비가 오면
사막에도 풀이 돋고 풀이 돋으면

사막에 꽃 피면
사흘이면 족할지라도

꽃이 피었다
꽃이 피었다

맘만 바쁘고
되는 일은 없는 날
사막에 풀이 오고 꽃이 피고
꽃구경 가자고

하매 그게
언젠데

꽃이 진다
꽃이 진다

하매 몇 날은 가버리고
성과도 없이 주베일에서
알코바로 돌아오는 길

오지게 붉은 꽃
사평沙坪에 피었다가
지고
―「사평에 피는 꽃」 전문

생명체를 찾아보기 어렵다는 사막, 그 사막은 인간 인식의 극한을 보여준다. 압도적인 사막의 풍경 속에서 인간은 최초로 자신과 대면하게 되고, 생명[생존]의 불꽃과 직면하게 될 것이다. 척박한 사막에도 더러 풀이 돋고 꽃을 피운다. 어쩌다가 잠시 내리는 비에 속성으로 돋아나 꽃을 피우는 사막의 들꽃, 그것은 여느 풍성한 꽃들과는 비교되지 않은 생명의 열도와 극단의 아름다움을 품고 있다. 사막에서 들꽃을 만나고 꽃의 생명성에 매료될 때, 인간은 원래의 인간적 실존성에 돌아가게 될 것이다.

시인의 시 텍스트에서 '꽃이 핀다'와 '꽃이 진다'라는 언술이 거의 동시에 표현되고 있음을 본다. 세상의 모든 꽃은 피었다 진다. 그러나 사막의 꽃은 '마음이 바쁘다'. 텅 빈, 막막한 사막의 길에서 풀이 돋고 꽃을 피우는 순간의 광경, '되는 일이 없는 날' 제대로 구경하고 살펴보고 싶은 사막의 꽃, 짧은 비에 어서 돋아 꽃을 피우고 씨앗을 남겨야 하는 사막의 매혹적인 꽃은 사나흘이면 진다. 여느 땅 여느 환경의 꽃보다도 "오지게 붉은" 사막의 꽃은 그래서 불꽃같은 생명의 존엄성을 오지게 일깨운다.

오는 꽃을 보았으랴

무수의 별들 다녀가고도
무한의 바람 지나가도록

모래알만큼이나 많은 꽃
머물 땅이 없어서였겠지
다녀간 사막나비 날갯짓
시선만 지나쳐 갔으리

이제야
내 마음에 바람은 자고
그제야
꽃이 지도다

그래서
가는 꽃을 보았을 뿐이다.
─「꽃이 지도다」 전문

 사막에서 꽃을 만나고 꽃의 심연에 들어 존재의 극미極美를 체험하는 일은 단순한 꽃 놀음이 아니다. 편히 머물 땅이 없어 운명처럼 사막의 모래알 사이에 뿌리를 내리고, 모래알만큼이나 많은 꽃을 피우는 사막의 꽃은 그들의 적응 능력 덕택일지라도, 그것은 사막의 밤하늘의 무수한 별빛과, 능선을 바꾸고 이리저리 옮겨 놓는 바람결의 기운과 무관하지 않다. 작은 생명의 짧은 순간에도 우주의 섭리는 엄연하여 사막나비의 날갯짓이 스치듯 자나간다. 오는 꽃에 나비의 날아듦이 새 생명을 잉태시키고, "그제야/ 꽃이 지는" 가는 꽃의 순환을 본다.
 꽃은 피어도 꽃이고 피지 않아도 꽃이다. "무작정 시간만 죽인다고/ 사막에 봄이 오랴/ 무한정 계절만 기다린다고/ 사막에 꽃이 피랴"(「사막에 봄이 오랴」). "겨울이 왔다가 가는지/ 계절이 갔다가 오는지" 모를 경황없는 상황적 시간 속에서는 꽃은 꽃으로 피어나지 않는다. 꽃은 이미 상징이 되고 관념적 존재의 이미지로 실현된다.

 이 풀은 무슨 풀인가?
 이 꽃은 무슨 꽃인가?

언제부터 알고 있었던가
언젠가는 알고 있을 텐가
―「어느 하루의 봄날」 부분

그것은 "내 기억 속의 들풀과 들꽃"이며, 밤과 낮의 순환 가운데 이름으로 기억된 꽃이다. "쫓기듯 살아가는 나날 속에서/ 문득 빠져나와 사막의 막바지에서/ 막 꽃대를 틔워 낸 들풀의 흔들림을 보는" 경이의 꽃이다. 사막의 들꽃은 극미의 쓸쓸함과 그리움의 존재로 부상浮上한다. "나는 저 들풀들 속 무슨 풀이었던가?/ 나는 저 들꽃들 속 무슨 꽃이었던가?"라는 자문의 영역으로 전이되는 것은 인식론적 과정의 자연스러운 현상이다. "꽃처럼/ 사람처럼"(「꽃처럼 사람처럼」) 모든 사물은 꽃이고, 쓸쓸함과 그리움으로 흔들리는 실존이다.

2

명재신 시인이 파견된 현장은 사우디아라비아의 동부 아라비아 만에 접한 해안도시 알코바Al-Khobar라고 한다. 아름다운 사막의 해안도시 알코바를 기지로 하여 그는 중견간부로서 건설업에 종사하며, 사막나라의 자연과 인습의 풍물에 젖어 들었을 것이다. 이슬람의 종주국이며, 아라비아반도의 5분의 4를 차지하고 있는 사우디아라비아는 살만 빈 압둘 아지즈 알 사우드 국왕의 노쇠로 최근 젊은 무함마드 빈 살만 왕세자가 전면에 나서서 국정의 일대 도약을 실현해 가고 있다. 석유자원에서 탈피한 새로운 국가 경영 정책을 과감하게 선언하고, 이른바 네옴시티 건설의 담대한 프로젝트로 세계의 이목을 집중시키고 있다. 빈 살만 왕세자는 우리나라 플랜트기술의 우수성과 실적을 잘 알고 우리 건설업계에 문호를 개방하고 있다. 아랍에미리트에 이은 사우디아라비아의 개발 질주는 건설업계의 제2 중동 진출의 호재가 아닐 수 없다.

머나먼 이국의 건설현장에서 중견간부로 직무를 수행한다는 것은 동남아 일대에서 온 근로자들을 관리하는 일과 현장에서 그때그때 수주를 해야 하는 과중한 업무까지 포함하는 일이다. 열사의 환경에서 건설과 지휘, 사고 방지의 감독, 미꾸라지 같은 말썽쟁이 인부 다독이기 등 간부직원이 감당해야 할 업무는 여간 복잡하고 까다로운 일이 아닐 것이다.

아직 익지도 않은 대추야자가 막바지
힘을 내고 있었네
될 놈만 남겨두고 털건 다 털어내고 난
마지막 자신감이던가

제시간에 일어나지 못하고 늦잠을 자고 나오면서
남이 볼까 싶어 루틴을 버리고 샛길로 나왔지
해는 벌써 중천이었고
공복의 고양이는 이미 허기를 채운 후였네

우린 비껴도 비껴도 다시 만나는 인연인가
중천의 해는 이제 막 정점을 향하느라 더욱 가열차고
화단에 나팔꽃 하얗게 하얗게 피어나

그냥 살아라 그대로 살아라

일제히 나팔을 부느라
아침이 터져나가 꽃들 자지러지더라

오늘 나의 하룻길이 횡설수설이겠다 싶어
다들 저리도 응원의 함성인 건가
-「아침나팔」 전문

대추야자가 국화國花일 정도로 대추야자 주산국인 사우디아라비아는 수로를 개척하여 야자농원을 늘여 간다고 한다. 그 거대 수로공사도 우리 건설업계의 중동 토건사업의 한 영역이다. 사막의 나라에서 건설 현장에 투신해야 하는 삶은 실로 힘겹고 고단한 일상의 연속일 것이다. 때로 혼곤한 늦잠으로 미안한 마음일 때, 해는 중천을 향해 열기를 더해 가고, 다시 이국의 일터에서 만나는 인연들은 애처롭다. 화단의 나팔꽃은 하얗게 피어나 일제히 나팔을 불어댄다. 일할 시간이다, 일할 시간이다, 늦은 아침의 함성처럼 응원하는 아침 나팔 소리, 꽃을 보아도 꽃은 꽃이 아니고 일과의 연속이다.

정신머리 없는 소리나
박박박 해대는
하루의 풍경이 재미나서
파안대소로 피어난 게냐
-「접시꽃」 부분

꽃은 이제 풍경으로 작용하지 않는다. "징글징글 더딘 하루"의 이미지이고, 지루한 업무의 막막한 지연의 표상이다. "꽃도/ 어쩌다가 한번일 때이지/ 늘 어찌 아름다울쏘냐"(「일일초」)라는 상식적 문법의 꽃으로 전락한다. 텍스트의 전후 문맥을 보면, '일일초'는 하루만 피었다가 하룻만에 지는 꽃이라서가 아니라, 매일을 피워 일 년을 채우는 꽃이어서 붙여진 이름이다. 그렇다면 지루한 일과의 연속성과 다를 바 없다.

  시인은 사막의 현장에서 여러 종류의 꽃을 보고, 여러모로 꽃을 묘사하고 있다. 사막의 들꽃뿐만 아니라 정원의 꽃, 담장 너머의 꽃, 길가의 꽃, 숙소 주변의 꽃이 시인의 내면을 통과하고, 인식의 둔덕에 심어진다. 협죽도, 부겐빌레아, 알리숨, 함박꽃, 해바라기, 접시꽃, 천일향 같은 꽃들이 사막의 환경에 생명력을 불어 넣는다. 협죽도나 부겐빌레아는 동남아나 더러 우리나라의 수목원 같은 데서도 보아 온 꽃나무이다.

    황홀함에 넋을 잃었다
    유로비안빌리지에 거처를 정하고
    서성이기를 석 달 열흘이었다

    정령
    눈 맞춤이라도 하길 바랐더란 말이냐
    정말
    입맞춤이라도 하길 바랬단 것이냐
    -「협죽도」 부분

  사우디아라비아 알코바 시내의 유로비안빌리지에 거처를 정하고 석 달 열흘을 지나는 동안 협죽도의 아름다운 꽃빛에 물든다. 용담목 협죽도과의 늘푸른떨기나무인 협죽도는 7~8월에 가지의 끝에 작은 다발로 개화를 하는데, 분홍 계열의 붉은 색 꽃이 흔하다. 협죽도夾竹桃라는 한자漢字식 이름을 가졌지만, 댓잎보다는 버들잎을 더 닮은 잎사귀를 가진 식물이다. 그 꽃은 요란하지 않게 아름답지만, 사막의 나라에서는 환경적 특수성에 따라 한층 황홀하게 다가올 법한 꽃이다. 시인은 협죽도화에 넋을 잃고 삭막한 사막의 나라에서 독하게 견디며 꽃을 피워 내는 정신에 이입되는 자신을 발견한다.

> 석 달 열흘을 피어 있었다고 치자
> 너하고 나하고 그렇게 하자
>
> 어둠 내내 지나기만 하던 나를
> 그냥 한번 세워 보려고
> 앞만 보고 내달리는 나의 눈길 한번 받아 보려고
>
> 아침에도
> 점심에도
> 저녁에도
>
> 그저 바쁜 일상에 한번 느린 시선으로
> 나 한번 보고 가라고
>
> 석 달 열흘을 피었다고 하자
> ─「부겐빌레아」부분

발견으로서의 꽃은 삶의 논리와 존재의 심연을 드러내는 일이다. 시인은 「부겐빌레아」의 첫 부분을 "그냥 백일홍이라고 하자"라는 문장으로 시작하고 있다. '백일홍'이라는 구체적 꽃 이름들이 따로 있지만, '석 달 열흘을 피어 있는' 부겐빌레아의 특성을 일반 명사로서 표현한 것이다. 아열대성 식물인 부겐빌레아는 진분홍색 포엽이 관상의 포인트인 식물이다. 실제 꽃은 그 안에 작고 볼품없는 모양을 하고 있으나 화려한 포엽 덕분에 방화訪花곤충들이 찾아와 수분수정을 돕는다. 미미한 꽃을 둘러싼 포엽이 화려하여 그야말로 '꽃보다 잎'인 식물이 부겐빌레아인 것이다.

부겐빌레아는 어찌하여 석 달 열흘을 꽃처럼 핀 채로 무심코 지나는 사람의 눈에 들어 '눈길 한번 받아 보려' 하고, "그저 바쁜 일상에 한번 느린 시선으로/ 나 한번 보고 가라고" 지지 못하고 있는 것인가. 시인은 그것이 인간의 실존적 현실과 다르지 않음을 뼈저리게 인지한다. 더욱이 그것이 인내와 줄기찬 힘으로 견디고 이겨내야 하는 삶의 실존적 현실일 때, 존재의 심층적 실존 논리에 가 닿지 않을 수 없을 터이다.

사막과, 사막의 도시 알코바에서 만나는 꽃들은 꽃이며 상징이고, 일터의 동료이며 가족이거나 그 배경이다. 맨땅에 헤딩하기로, 이름도 성도 모르는 사람에게 명함 하나 덜렁 건네 놓고 머리를 숙이고 허리를 굽힌들 세상일이란 어찌 쉬이 풀릴 수 있겠는가. '몇 번을 듣고서도 입에 붙이지 못하는 아랍사람들 이름' 같기만 한 알리숨, 맨땅에 기어만 다니는 듯한 알리숨이 '꽃 하나는 야무지게 생겨' 현장 노무자들의 처지와 입지를 대변해 주는 것 같다. (「맨 땅에 헤딩하기다」). "아라비아 사막 서남부 해발 2,200미터/ 고산도시 아브하Abha 오지마을/ 리잘 알마Rijal Almaa까지 가면// 꽃을 든 남자/ 후타Huta 전통 복장으로 저녁 내내/ 꽃을 나눠주면서" 마을 잔치 노래를 부르며 꽃춤을 추는 축제에서 시인은 꽃향기에 젖고, 온갖 시름 잊는 위로의 시간을 경험하기도 한다.

머나먼 사막의 나라에 가서 일을 하는 것은 한 사람의 가장으로서 책임을 다하는 일이기에 그리운 가족의 이름을 가슴에 품고 견뎌 가는 것이다. 일터에서는 흥이 나는 날도 있고, 그냥저냥 넘어가는 날도 있지만, 울며 겨자 먹기의 고역인 날도 있을 것이다.

그러다 서울의 집에서 "힘내세요 화이팅입니다"라는 아내의 문자가 날아오면, 문득 사막에도 풀이 돋고 꽃이 피어난다.

어디 사막에도 풀이 돋고
꽃이 피는가

그대 없는 이 사막에
술술 세월도 시간도 너끈히 넘어가는

지금이 바로
꽃피는 시절이다.
-「꽃피는 시절」부분

꽃은 님이고 그리움이며, 또한 위안이다. 그리운 사람은 꽃 속에 있고, 천 리 만 리 상거한 사이에서도 꽃으로 피어난다.

평생을 떠도는 팔자여서
소싯적에 탈고향을 하였다고 치자

너와 나는

어쩌자는 것이여
혼자서 이 모래 땅에서
무슨 영광을 보자고
무슨 영화를 누리자고

너하고 나하고
여기서 만나서 눈이 맞은 것이여
―「천일향」 부분

시인은 아득히 먼 이역의 모래 땅 일터에 처하여, 석 삼 년을 피우고 피워서 누군가를 기다리는 천일향에서 운명적 삶의 위안을 얻는다. 위안은 기다림의 힘이며 사랑의 지하수와 같은 것이다. 시 「해바라기」에서 "몇 알 남지 않은/ 남루한 씨앗 몇 톨로/ 아직도 쌩쌩하게 지나가는/ 나를 세우고는// 봐라,/ 봐라 이거/ 머 있나 그냥 속 편하게 살다/ 가믄 되는 거지"하며 스스로 위안을 삼는 것도 마찬가지다. 그렇게 수많은 꽃을 만나고 발견하고, 속을 파고 든다한들 어이 꽃 피고 지는 것을 다 헤아릴 수 있을 것인가. 열사의 노동 현장에서 업무에 전념하고 땀 흘려 일하다 보면, 간절한 그리움 속에서도 가족의 일상사를 기억하지 못하고 놓치곤 하는 서러움이 없지 않다.

꽃이 다녀가고
주변에 내 사는 세상에
그대 생일도 못 챙기고 사는
여기 중동에
그래도 꽃피는 시절이
꽃 지는 시절보다

더 사는 맛이 나는 법
하루 그대만을 생각하고
지나가리다.
─「하루 그대만을 생각하고」 부분

  꽃은 용서와 위로이며 위안이다. 꽃이 단순히 생물학적 의미와 가치로만 존재한다면 우리에게 무슨 상상력이 발동할 수 있을 것인가. 꽃의 순수성과 절대성의 가치를 발견하고 의미를 부여하여, 존재의 상징으로 시의 언저리에 올리는 것도 인간의 상상력과 사유의 덕택이다.

3

눈부신 해안선
가없는 수평선

내게 오라 내 사랑이여
여기에서 염원하니 돌아오라 내 사랑이여

세상을 얻는 것은 나중의 일이요
사랑을 얻는 것이 지금의 일이니
창연한 바다의 신이시여
거룩한 하늘의 신이시여

내 마음을 그대에게 닿게 해 주오
내 사랑을 그대에게 닿게 해 주오

바라건대 바라옵건대

지금 내게는 그대뿐이라오
내게 오라 내 사랑이여
내가 가리 내 사랑이여

리야드에서
알코바만까지 기차 타고 건너왔다오
그대의 마음 헤아리려
사랑노래 지어 올리는 것이니

함께 박수 하고
함께 흥을 내어

사랑노래 함께 부르게 해 주오
-「알코바 연가」 전문

　명재신 시인이 중동의 대표국 사우디아라비아로 파견되어 근무한 본거지는 동부 아라비아 만(페르시아 만) 해안도시 알코바이다. 동부 내륙의 중심 도시 리야드에서 다시 기차를 타고 수백 리를 가야 하는 곳으로, 알코바로부터 그리 멀지 않은 북쪽 해안에는 주베일이 있어 업무상 오가는 도시로 짐작된다.
　사막의 끝에 바다가 있는 해안도시 알코바, 그 알코바는 운명의 전초 기지이고, 새로 맞닥뜨린 삶의 본거지가 된 것이다. 시인은 운명의 사막 해안도시 알코바에 닿으며, 알코바에 바치는 시를 지어 올린다. 천지신명의 가호를 기원하는 마음을 연가의 형식에 담아 자못 웅혼하고 진실된 어조로 노래한다. 시인의 진정성이 빚어낸 명작은 그만큼의 공감력을 지니게 된 것이다.

언제더냐 노무자로 건너온 삼촌들 따라 건너온 것이
　　어디라고 살 만한 곳이 있더냐 와 보면 다들 고생인
것을
　　한 해만 돈 벌어 돌아가겠다고 했더니
　　이제 십 년이 눈앞이구나
　　이러다 저러다 너같이 눌러 앉겠구나

　　한 해만 살다가는 남해안 보라별꽃들이 여기에 와서
　　중동의 사막의 땅에서 반갑다며
　　반갑다고 반짝반짝 별빛만 같이
　　고향마을에 지천으로 피어 있던 봄날 지심만 같더니
　　　-「알코바 별꽃」부분

　　알코바의 별꽃은 고향 남해안의 보랏빛 별꽃 씨앗이 노무자들을 따라 사우디아라비아까지 건너와 어느 담장 밑 자투리땅에 모질게 살아나 꽃을 피운 별꽃이다. 그 별꽃은 고향 마을에서는 봄이 되면 지심[기심 : 기음(잡초)의 방언]의 하나로 흔하디흔하게 피는 꽃이다. 그것이 누군가의 짐에 묻어 왔는지, 손길에 담겨 왔는지 아무튼 그렇게 중동의 사막까지 건너와서 꽃을 피워 별빛같이 반짝이는 모습을 시인은 고향의 가족 눈빛을 본 듯 반가움으로 바라본다. 아울러 모진 삶을 이겨 내는 동병상련의 심리적 충동을 시 「알코바의 별꽃」으로 표상하고 있다. 고마움과 반가움과 기특함이 시인의 마음을 별빛으로 반짝이게 하는 순간이다.

　　땅의 끝
　　해발 2,200미터 아브하*

하루에 다섯 번
양탄자가 굳이 아니어도
아무렇지도 않게 거친 땅에다
제시간에 이마를 찧는 사람들
-「세상의 끝에서 돌아오다」 부분

여기 사람들은
모두

하루에 다섯 번
어김없이
무릎을 꿇고 머리를 조아리러 간다

손을 씻고
발을 씻고
얼굴 씻고
입도 씻고

어디 씻어 낼 곳 한 두 군데랴
마음을 비우고
그저
-「하루에 다섯 번」 부분

남녀칠세 부동석이라
이 나라에서는 모두 족두리를 쓰고
눈만 내어 놓고

남녀는 가족이 아니고서는

공공장소에서 함께 앉아 차도 못 마시고
밥도 먹을 수 없다니
물의 여인이여
─「물의 여인」 부분

　시인은 사우디아라비아의 현장 근무자로서 업무에 충실을 다하고, 오가는 길이나 여가에 보는 사막나라 풍속과 삶의 양상들을 시로 쓴다. 사우디아라비아를 비롯한 중동의 무슬림들은 아브하 같은 해발 2,200미터의 산악도시에서건 고지대 오지 마을 리잘 알마에서건, 그리고 그 어떤 곳에서건 메카를 향해 하루에 다섯 번을 엎드려 머리를 조아리고 예를 올린다. 심지어 무장 무인기 공격으로 아브하 공항이 피폭을 당하였다고 해도 아무렇지도 않게 제시간에 무릎을 꿇고 이마가 땅에 닿도록 절을 하며 기도를 드린다.
　길을 가다가도 장사를 하다가도 등산을 하다가도 시각이 되면 그 자리에서 절을 하며 기원을 하는 무슬림들을 보며, 시인의 마음도 경건해진다. 풍속이 달라 어찌 할 바는 모르지만, 그 간절한 마음의 행동을 보며 자신도 어딘가를 향해 기도를 해야 할 것만 같아짐을 느낀다. 결국 그 기도는 "오늘도 무사하길/ 우리 가족/ 그리고/ 그대여"로 귀결된다.
　「물의 여인」은 남녀 사이의 엄격한 이슬람 문화의 한 습속을 간략히 드러내 보여준다. 이슬람 사회에서는 우리나라 조선시대의 남존여비, 남녀칠세부동석(*교회의 경우, 전국에 남녀칠세부동석 교회가 세워졌으나, 현재 문화유산으로 남아 전하는 곳은 전북 김제의 금산교회와 익산의 두동교회 두 교회뿐이다)과 같은 풍속이 지금까지도 내려오고 있고, 이란 같은 이슬람 원리주의 국가에서는 히잡을 여성 통제와 억압의 장치로 사용하고 있다.

남녀는 가족이 아니고서는 공공장소 같은 데서 함께 앉아 차를 마실 수도 없고, 손을 잡거나 함께 벤치에 앉아 있을 수도 없다. 그 결정적 풍경이 여성들의 얼굴 가리개나 옷차림으로 드러난다. "이 나라에서는 모두 족두리를 쓰고/ 눈만 내어 놓고"의 실제는 물론 히잡이나 차도르를 쓴 여인의 모습을 말하는 것일 테다.

이슬람 여성들은 외간 남자들에게 얼굴을 완연히 드러내 보여서는 안 되고, 성적 자극을 불러일으키는 머리카락도 노출시켜서는 안 된다. 여성의 얼굴과 머리카락을 가리는 가리개 및 옷의 종류는 네 가지로 알려져 있다. 머리와 목을 가리는 것을 히잡, 눈과 코, 약간의 뺨이 드러나게 하는 것은 차도르, 전신을 가리고 눈만 보이게 하는 것은 니캅, 전신을 가리고 눈 부위에 잔구멍들을 뚫어 놓은 것은 부르카라고 하는 것이다.

시인이 '눈만 내어 놓고'라고 표현한 것은 니캅을 말한 것이라기보다 여성들이 얼굴과 머리를 가리는 차림새의 일반적 특성을 가리킨 것으로 보인다. 아프가니스탄이나 이란 같은 나라와는 달리 조금은 개방적인 사우디아라비아에서는 히잡이나 차도르 착용이 일반적일 터이기 때문이다.

그런 가운데 시인은 「토박이 아가씨」에서, 얼굴 가리개 히잡도 두르지 않고 바로 한국인임을 알아봤다며 '안녕하세요?'하고 말을 걸어오던 세 명의 사우디 처자 얘기를 들려주고 있다. 한국 드라마를 좋아해서 한국말을 배우게 되었는데, 시간을 내어서 한국에 갈 거라고도 하는 당찬 사우디 아가씨들에게서 시인은 변화하는 사우디아라비아의 근황을 체감한다. 한국과 사우디 사이의 거리가 통신정보와 문화적 교류에 의해서는 이리 가까워졌어도, "생계를 위하고/ 가족을 부양하는 일이라고/ 해외를 떠돈 지 십 년"(「함께 산 날을 따져 보니」)의 시간을 생각하면, 아내와 자녀에 대한 그리움의 거리는 더욱 아득해지고, 보고 싶은 마음은 더욱 절절해진다. 함께 해야 할 크고 작은 일들을 어찌 할 수 없어, 스마트폰의 문자로 치레해야 하는 안타깝고, 미안하고, 그리운 마음을 시로 표현한 작품이 여럿이다.

4

아랍에미리트와 함께 사우디아라비아는 우리에게 기회의 땅이 되고 있다. 제2 중동 건설의 붐을 타고 "어느 사이 한국 사람들이 불나방처럼/ 모여들고 있는"(「다시 꿈을 위하여」) 실정이다. 그러다 보니 그 열사의 땅 고난의 노역도 참고 이겨 내며, 체류의 연장을 꿈꾸는 노동자들도 생겨나고 있다.

> 나무를 심겠다고 물불 안 가리던 청춘들
> 꽃을 찾아 이리저리 휩쓸려 다니던 시간들
> 남은 과실을 따겠다고 남아 있던 시절들
>
> 이제야 다시 시작인 건가?
> ―「다시 꿈을 위하여」 부분

그렇게 사막나라에서의 업무는 계속되고, 애타게 일을 찾아 헤매는 날들도 이어지는데, 마음 허기진 독방거사의 밤은 서글프다. "허리가 꺾이도록 무더웠던 시간/ 모두 지나가고/ 이제야 현장 일을 시작하였노라고/ 박수로 함께하는 시간"(「우리가 간다」) 때로 흥으로 넘쳐나고, 패기만만한 날도 없지 않지만, 해외에서의 업무란 언제나 전쟁과 다름없다. 새로운 인연으로 현장 일터에서 만나 이름을 주고받은 사람들과 작업을 하고, 일거리를 찾아다니는 삶이 녹록할 리 없다.

> 알지도 못하는 사람들 찾아다니며
> 뭐라도 일거리를 좀 달라고
> 조르기도 하루 이틀이지
>
> 뭐라도 수주만 된다면
> 저기 날리는 사막의 모래알에게라도
> 하루 다섯 번을 고개를 조아리리라.
> ―「늦은 점심을 먹는 길」부분

열사의 환경만큼이나 뜨겁고 곤욕스러운 중동 현지의 사업적 실상을 짐작할 만하다. "발주처 만나러/ 다시 나서야 하는 길/ 다들 희망퇴직으로 회사문을 나서는 때에/ 우리는 다시 발주처 사무실로/ 향하지"(「주저할 거 없다」) 정신은 회사 차원의 의무나 책무를 넘어서는 것이다. 그것은 꽃 피고 새 우는 날이 다시 오듯, "사우디에 한국 사람들/ 다시 북적일 날을 위하여" 허점이나 오점 남기지 않고 충실을 다해야 하는 애국적 결단과 이어져 있는 것이다. 우당탕을 끓여 먹으며, 이국인들과 일을 하다보면 하루에도 몇 번씩 복장 터지는 법이지만, 결국 끝은 있어 달의 길, 해의 길, 별의 길을 건너 집으로 가는 길이 열릴 것임을 믿는다.

수주의 기쁨과 협동의 보람, 인내의 결실과 가족애의 재발견, 이는 시인이 머나먼 중동의 나라 사우디아라비아에서 얻은 복된 경험이다. 시인은 그런 경험 속에서 사막을 가듯 세상을 향해 가야 할 길의 좌표를 의연하게 노래한다.

무엇을 찾는가?

살아도 살아도 사느라고 살아도
여전히 세상은 쉽게 길을 열지 않아
만사가 저 사막의 세상만 같을 때
그대여

무엇을 찾고자 하는가?

남이 만들어 놓은 길로 왔다가
그 길을 따라가는 시간
이제는 돌아가는 길이다

세상이 무어라고 하든
기를 쓰고 살아남아야 한다
길을 잃었거든
이제부터는 길을 만들어 나가야 산다

저 막연한 세상에도 살아남은 길이
있을 것이니
다 왔다고 주저앉지 말라 더 가야 할 길이

남아 있다

그대여
-「세상이 무어라고 하든」전문

　삶의 의지와 지표가 이 한 편의 시에서 온전히 형상화 되었다. 삶의 이치와 가치가 이 경험적 지혜의 언어에 올곧게 담겨 있다. 길을 잃으면 길을 만들어 가야 하고, 가야 할 길이 막막하다고 주저앉을 일이 아니다. 참된 삶을 지향하는 사람에게는 더 가야 할 길이 남아 있는 법이다.

　명재신 시인은 GS건설의 중견 간부로서 지난 10여 년간을 중동의 사막나라에 파견되어, 한국의 해외산업의 상징인 건설업에 헌신하였다. 멀고먼 아라비아반도의 아랍에미리트를 거쳐, 다시 사우디아라비아의 건설 현장에서 작업 인부들을 결속하고, 솔선수범 지휘하여 직무를 훌륭히 완수하였다. 온대지방 출신의 시인이 수만 리 밖 열사 熱砂의 나라에서 건설업에 종사하고, 온갖 악조건을 이기고 견뎌내며 맡은 바 임무를 완수한다는 것은 여간한 결심과 결단력이 아니고서는 불가능한 일일 터이다.

　고국의 그리운 가족을 생각하며 시인은 스스로 위안과 용기의 신념을 부추기며, 중동의 사막 생활 10년을 슬기롭게 버티어 내고, 이제 돌아보니 그 때가 '꽃 시절'이었음을 추억하게 되었다. 그는 사막나라의 생활에서 그 두 번째 시집 『세상의 끝에서 돌아오다』를 내놓게 되었다.

　특히 이번 시집에서는 사막의 꽃에 깊은 관심을 가지고 실존적 성찰의 한 계기로 삼는다. 사막의 여러 환경과 조건 속의 다양한 꽃들을 통찰하고 그 아름다움에 감동

한 바, 무엇보다 사막 들꽃이 보여주는 생명의 경건성에 매료된다. 가도가도 모래뿐인 사막의 어느 외진 곳에서 피어나는 들꽃의 극미極美한 모습은 생명의 불꽃같은 경외와 삶의 뜨거운 존엄성을 환기시킨다. 시인은 들풀 들꽃의 극미에서 모든 순간, 모든 일, 모든 책무, 그리고 모든 그리움의 시간이 꽃의 순간이요 꽃 시절임을 깨닫는다.

열사의 나라 사우디아라비아에서 새삼 생명의 불꽃을 깨치고, 사막의 들꽃 경전經典을 오롯이 시로 담아 낸 명재신 시인의 생이 이제 눈부시게 될 것이다.*